탈것들을 찾아 떠나는 세계 지도 여행

글 정은주

문예창작과에서 시를 공부했으며 아이들을 가르치기도 했습니다.
쓴 책으로 《손으로 그려 봐야 우리 땅을 잘 알지》《손으로 그려 봐야 세계 지리를 잘 알지》(공저) 등이 있습니다.

그림 심보영

대학교에서 시각디자인을 공부했으며, 예술고등학교에서 일러스트를 가르쳤습니다.
그린 책으로 《과학 대소동》《민기의 미래 여행》《사탕 가게》, WHAT? 초등과학편 20 《로봇과 인공지능》 등이 있습니다.

탈것들을 찾아 떠나는 세계 지도 여행

정은주 글 | 심보영 그림

1판 1쇄 발행 2016년 1월 28일   1판 4쇄 발행 2021년 6월 30일   펴낸이 정중모   펴낸곳 파랑새   등록 1988년 1월 21일(제406-2000-000202호)
주소 경기도 파주시 회동길 152   전화 031-955-0670   팩스 031-955-0661   홈페이지 www.bbchild.co.kr
전자우편 bbchild@yolimwon.com   ISBN 978-89-6155-638-5 77980

ⓒ 정은주, 심보영 2016

- 책값은 뒤표지에 있습니다.
- 저자와의 협의로 인지를 생략합니다.
- 저작자와 출판사의 허락 없이 이 책의 일부 또는 전체를 인용하거나 발췌하는 것을 금합니다.

어린이제품안전특별법에 의한 제품 표시
제조자명 파랑새 | 제조년월 2021년 6월 | 제조국 대한민국 | 사용연령 9세 이상

탈것들을 찾아 떠나는 세계 지도 여행

정은주 글
심보영 그림

파랑새

작가의 말

빨간 비행기와 함께 떠나는
지구 한 바퀴

　나는 하늘을 나는 것들을 참 좋아해. 가을 하늘을 동동 떠다니는 잠자리, 겨울나무 우듬지로 날아오르는 까치, 높은 하늘에서 줄을 맞춰 멋지게 날아가는 기러기들을 말이지. 만약 우리에게 날개가 있다면 세상 어디든 갈 수 있을 거야.

　오래전 하늘을 날고 싶었던 사람들은 비행기를 만들었어. 오늘날 우리는 그것을 타고 세계 구석구석을 여행하지. 정말로 멋지고 근사한 일이야! 어릴 적 나는 거실에 누워 어딘가로 날아가는 비행기를 보며 엉뚱한 상상을 하곤 했어. 내가 저 비행기 위에 올라타고 있다면 어떨까? 놀이 기구처럼 재미있을 거야! 세상 모든 것을 볼 수 있겠지! 그런 생각을 하며 혼자 실실 웃곤 했지. 난 세계 지도를 펼쳐 조그만 비행기를 하나 그린 뒤 가고 싶은 곳을 선으로 이어 보았어. 너희도 해 봐. 정말 재미있거든.

　난 작은 비행기와 세계 여행을 하면서 여러 나라에 있는 친구들을 만나고 싶었어. 그 생각은 날이 갈수록 풍선처럼 조금씩 커졌고, 결국 이 책의 주인공인 빨간 비행기와 지오가 세계의 탈것 친구들을 만나는 이야기가 되었단다.

　이야기를 만들고, 세계의 탈것들에 대해 알아보고, 그 내용들을 글로 엮으면서 난 여러 나라에서 저마다의 독특한 탈것이 생겨난 이유와 그것들이 오랫동안 사람들에게 중요하게 여겨져 왔다는 사실을 알게 되었어. 미국 샌프란시스코 언덕길을 오르는 케이블카, 이집트 나일 강에 있는 펠루카, 이탈리아 베네치아의 좁은 수로를 다니는 곤돌라 등 너희도 이 책에 있는 탈것 친구들을 만나면 아마 나처럼 '아, 그래서 이 나라에 이런 탈것이 생겼구나!' 하고 고개를 끄덕이게 될 거야. 탈것들과 함께 나라마다 너희가 알아 두면 좋은 것들도 써 두었어. 너희의 생각 주머니를 더 꽉꽉 채워 줄 거라고 생각해.

그럼 이제 빨간 비행기를 탄 지오와 함께 세계 여러 나라를 신나게 구경해 보자. 어제와 똑같은 오늘, 오늘과 똑같은 내일 속에 왠지 모든 것이 지루하고 따분하다고 느껴질 때에는 비행기를 타고 푸른 하늘을 날아 보자. 새로운 곳을 여행하고 새로운 것을 보고 새로운 것을 만나면 쪼글쪼글했던 마음이 활짝 펴질 거야.

자, 눈을 감고 소리를 들어 봐. 어디선가 비행기 소리가 들리는 것 같지 않니?

빨간 비행기와 지오 그리고 세계 여러 곳의 친구들을 멋지고 예쁘게 그려 주신 심보영 그림 작가와, 이 책을 출판해 주신 파랑새의 모든 분들께 진심으로 감사드립니다.

세계 지도와 모험을 좋아하는
작가 정은주

차례

작가의 말 4

첫 번째 여행지 북아메리카 12
비아 레일 캐나다가 들려주는 캐나다 14
케이블카가 들려주는 미국 16

두 번째 여행지 남아메리카 18
갈대배가 들려주는 페루 20
구름 기차가 들려주는 아르헨티나 24

세 번째 여행지 오세아니아 26
카약이 들려주는 오스트레일리아 28

네 번째 여행지 아프리카 30
달라달라가 들려주는 탄자니아 34
펠루카가 들려주는 이집트 36

다섯 번째 여행지 유럽 38
곤돌라가 들려주는 이탈리아 40
트램이 들려주는 체코 42
이층 버스가 들려주는 영국 44
페리가 들려주는 터키 46

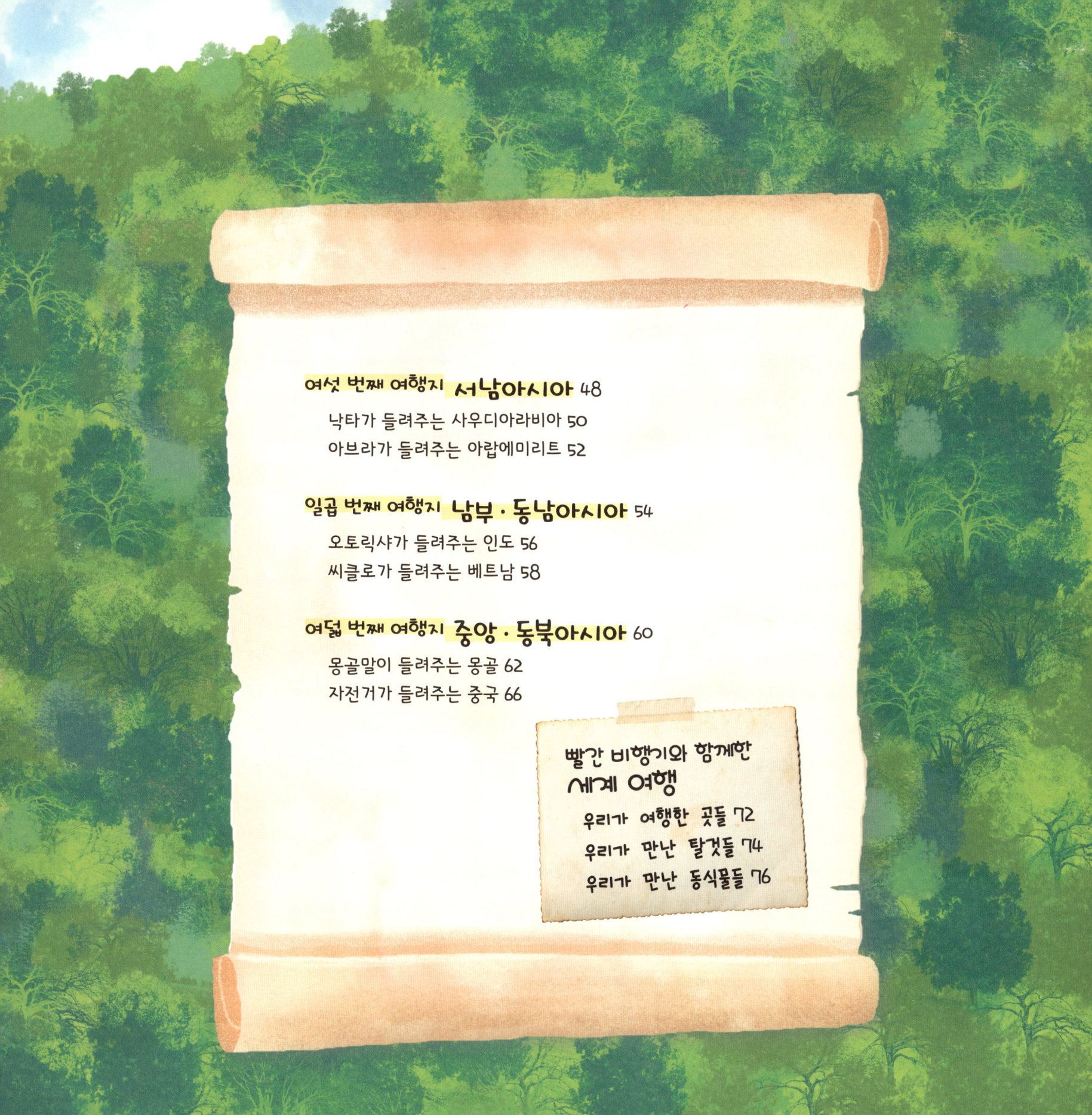

여섯 번째 여행지 서남아시아 48
　낙타가 들려주는 사우디아라비아 50
　아브라가 들려주는 아랍에미리트 52

일곱 번째 여행지 남부·동남아시아 54
　오토릭샤가 들려주는 인도 56
　씨클로가 들려주는 베트남 58

여덟 번째 여행지 중앙·동북아시아 60
　몽골말이 들려주는 몽골 62
　자전거가 들려주는 중국 66

빨간 비행기와 함께한
세계 여행
　우리가 여행한 곳들 72
　우리가 만난 탈것들 74
　우리가 만난 동식물들 76

아빠는 형하고만 배드민턴을 쳐요.
형은 나보다 키가 두 뼘이나 크거든요.
나는 둘이 배드민턴 치는 모습을 지켜보다
공이 멀리 날아가면 주워 오기나 하는
불쌍한 졸병이에요.

그날도 공을 주우러 풀숲을 뒤지는데
웬 빨간색 장난감 비행기를 발견했어요.
난 그게 마음에 쏙 들어서
아빠와 형 몰래 집으로 가져왔어요.

이런 멋진 장난감을 형에게 뺏길 순 없죠.
난 빨간 비행기를 침대 밑에 숨겨 놓았어요.
가족들이 모두 잠든 밤에 몰래 일어나
손전등으로 침대 밑을 비추어 보았어요.

"으악, 눈부셔!"
이럴 수가! 빨간 비행기가 말을 했어요.
난 형이 깰까 목소리를 낮추며 물었어요.

"넌 누구니? 어디서 온 거야?"
"난 여행 중에 잠깐 낮잠을 자던 중이었어.
그런데 웬 먼지 가득한 침대 밑이람?"
"여행? 어디 가던 길인데?"
"세계 이곳저곳으로. 너도 같이 갈래?"
"응, 좋아!"

빨간 비행기는 나를 태우고 밤하늘을 향해 날아올랐어요.
넓은 바다 위를 날다 보니 어느덧 저 멀리 떠오르는 해가 보였죠.
"꼬마야, 잘 잡아. 더 빨리 갈 거야."
나는 빨간 비행기를 꽉 잡으며 말했어요.
"난 꼬마가 아니라 지오야."
"알았어. 지오야."
빨간 비행기는 고개를 끄덕이듯 몸을 위아래로 흔들었어요.

태평양
지구 상에서 가장 큰 바다야. 지구를 남과 북으로 나누는 선을 적도라고 하는데, 적도 북쪽에 있는 태평양을 북태평양, 남쪽에 있는 태평양을 남태평양이라고 해.

알래스카
캐나다 북서쪽에 있어. 매우 춥고 땅이 꽁꽁 얼어 있는 곳이야. 러시아 땅이었는데, 1867년 미국이 이 땅을 사면서 미국의 영토가 되었어. 그 후 석유와 지하자원이 많이 발견되었어.

아르마딜로
아메리카 대륙에만 서식해. 적이 나타나면 몸을 동그란 공 모양으로 만들어.

오대호
캐나다와 미국 국경에 있는 5개의 큰 호수야. 위에서부터 슈피리어 호, 미시간 호, 휴런 호, 이리 호, 온타리오 호, 이렇게 5개의 호수로 되어 있지. 이 호수들은 옛날 빙하 때문에 땅이 깊이 패인 곳에 물이 찬 것이라고 해.

나이아가라 폭포
'천둥소리를 내는 물'이라는 뜻을 가진 커다란 폭포야. 오대호 중 하나인 이리 호에서 온타리오 호로 흐르는 나이아가라 강에 있지.

로키 산맥
알래스카부터 캐나다와 미국까지 뻗어 있는, 세계에서 두 번째로 긴 산맥이야. 높은 봉우리와 맑은 호수가 많아. 잎 모양이 뾰족하고 키가 큰 침엽수도 많이 볼 수 있어.

그랜드 캐니언
엄청나게 크고 넓은 골짜기야. 크고 단단한 산과 바위들이 오랜 시간 동안 콜로라도 강의 빠른 물살로 인해 매우 좁고 깊은 골짜기가 되었어.

미시시피 강
미국의 동부와 서부를 나누는 미국에서 가장 긴 강이야. 로키 산맥에서 시작한 물줄기는 중부의 넓은 평야를 따라 흘러. 마크 트웨인의 작품 《톰 소여의 모험》은 주인공 톰이 이 강을 따라 모험을 하는 이야기야.

첫 번째 여행지
북아메리카

북아메리카는 캐나다, 미국, 멕시코, 북쪽에 있는 그린란드 등을 포함한 넓은 땅을 말해. 백인, 흑인, 황인 등의 다양한 인종과 여러 민족들이 대부분 영어를 사용하며 살고 있어. 캐나다 북부와 그린란드는 날씨가 춥고 얼음 땅이 많지만 미국 남부는 따뜻해. 미국의 남서부에는 모하비 사막과 소노라 사막이 있어.

우린 로키 산맥을 넘어 캐나다에 도착했어요.
"열차야, 늦게 와서 미안해."
"어서 와. 그동안 얼마나 무서웠다고!"
빨간 비행기는 열차의 헌 전등을 새 전등으로 갈아 주었어요.
"고마워. 이제 밤에 달릴 때에도 무섭지 않겠어!"
열차는 손을 흔들며 멀리 달려갔어요.
우리는 다시 하늘로 떠올랐어요.

비아 레일 캐나다
태평양과 가까운 밴쿠버에서 대륙 동쪽에 있는 토론토까지 긴 거리를 달리는 횡단 열차야. 1885년부터 땅이 넓은 캐나다의 동쪽과 서쪽을 오가며 사람들을 태우고 화물을 나르는 중요한 역할을 했어. 지금도 화물을 나르기는 하지만 관광 열차로 더 유명하지. 이 열차를 타면 눈 덮인 로키 산맥의 멋진 경치와 깨끗한 호수, 넓은 초원을 볼 수 있어.

비아 레일 캐나다가 들려주는 캐나다

북아메리카에 있는 캐나다는 세계에서 두 번째, 러시아 다음으로 큰 나라야. 여러 나라에서 이민을 온 사람들이 각자의 문화를 바탕으로 어울려 살기 때문에 '모자이크 나라'라고 부르기도 하지. 국기에 그려진 단풍잎은 단풍나무가 많은 캐나다를 상징해.

캐나다는 북아메리카 북쪽에 있어. 수도는 오타와야. 인구는 약 3,585만 명이고, 언어는 영어와 프랑스 어를 사용해.

이누이트
추운 캐나다 북쪽과 그린란드에 사는 사람들이야. 고래, 대구 등의 바닷물고기를 잡으며 생활해.

설탕단풍
캐나다의 국화야. 수액을 모아 끓이면 달콤한 메이플 시럽을 만들 수 있어.

바다표범
땅에서는 몸으로 기어 다니지만 물속에서는 지느러미발로 빠르게 헤엄쳐 다녀. 주로 캐나다의 북쪽 해안에 살지.

앨버타 주립 공룡 공원
앨버타 주에 가면 거리와 공원 등에서 마치 살아 있는 듯한 실제 크기의 공룡 모형들을 만날 수 있어. 특히 앨버타 주립 공룡 공원은 공룡의 뼈가 발견된 곳 중 규모가 가장 큰 곳이야.

처칠
'북극곰의 수도'로 유명한 도시야. 바다표범을 사냥하거나 먹을거리를 찾아다니는 북극곰들을 자주 볼 수 있어.

비아 레일 캐나다 노선

"저 언덕에도 내 친구가 있어."
빨간 비행기가 가리킨 곳에는 노란색 케이블카가 있었어요.
빨간 비행기는 그 옆으로 날아가 어깨를 툭 쳤어요.
"야, 종은 어쩌다 잃어버렸어?"
"그러게. 엉덩이춤을 추다 떨어뜨렸나 봐."
빨간 비행기는 기다렸다는 듯 은색 종을 내밀었어요.
케이블카는 뜻밖의 선물에 무척 기뻐하더니
딸랑딸랑 소리내며 언덕을 올라갔어요.
"우리도 다시 높이 올라가 볼까?"
빨간 비행기는 붕 날아올랐어요.

케이블카
샌프란시스코에는 언덕이 많아서 옛날부터 가파른 길을 오르내리기 위해 레일을 땅에 설치하고 케이블카가 다닐 수 있게 했어. 케이블카를 타고 구불구불한 언덕길을 올라가면 파란 바다 위에 놓인 주황색의 금문교와 멋스런 건물들을 구경할 수 있어.

케이블카가 들려주는 미국

북아메리카에 있는 미국은 다양한 자연 환경을 가진 큰 나라야. 옛날에는 원주민들이 살았지만 200년 전부터 여러 나라에서 온 다양한 인종들이 모여 살지. 미국은 50개의 주로 이루어져 있는데 국기에 있는 50개의 별은 주를 뜻해.

미국은 북아메리카 중앙에 있어. 수도는 워싱턴 D. C야. 인구는 약 3억 2,067만 명이고, 언어는 영어를 사용해.

옐로스톤 국립 공원
미국에서 가장 큰 국립 공원이야. 이곳에 가면 뜨거운 수증기를 높이 뿜어 올리는 간헐천, 온천과 폭포 등을 볼 수 있어.

러시모어 산 국립 기념지
미국 대통령이었던 조지 워싱턴, 에이브러햄 링컨, 토머스 제퍼슨, 시어도어 루스벨트의 얼굴이 새겨져 있어. 매우 크기 때문에 먼 거리에서도 잘 보여.

자유의 여신상
뉴욕 항 입구에 있는 거대한 동상이야. 미국이 영국으로부터 독립한 지 100주년이 된 것을 기념해 프랑스에서 준 선물이지. 오른손에는 자유를 뜻하는 횃불이, 왼손에는 독립 선언서가 들려 있어.

로스앤젤레스
천사를 뜻하는 이름의 도시야. 미국 영화 산업의 중심지인 할리우드와 유명한 놀이공원인 디즈니랜드가 있어.

흰머리독수리
미국을 대표하는 새로 물고기를 좋아해서 주로 물가 근처의 숲 속에 살아.

하와이
북태평양에 있는 하와이 섬을 포함해 8개의 큰 섬과 100개 이상의 작은 섬들로 이루어진 곳이야. 이 섬들은 오래전 화산 폭발로 생겨났지. 허리를 빠르게 돌리며 손과 발을 움직이는 훌라춤은 하와이의 전통 춤이야.

하와이

알래스카

두 번째 여행지
남아메리카

남아메리카는 북아메리카 남쪽에 있는 넓은 땅을 말해. 브라질, 칠레, 아르헨티나 등의 나라가 있지. 남아메리카를 라틴 아메리카라고도 부르는데 유럽에 살던 라틴 민족이 16세기부터 남아메리카에 들어와 원주민들을 지배했기 때문이야. 지금은 원주민, 유럽 인, 아프리카 인, 아시아 인들이 모여 다양한 문화를 누리며 살고 있지. 이곳 사람들은 라틴 민족의 언어인 에스파냐 어와 포르투갈 어를 사용하고 있어.

빨간 비행기가 도착한 갈대숲에는
우리를 기다리는 갈대배 한 척이 있었어요.
"왔구나! 아이들이 공을 물에 빠트려서 말이야."
내가 축구공을 건져 주자 갈대배는 기뻐하며
우리에게 토토라 모자를 선물했어요.
"고마워. 그럼 난 다시 고기를 잡으러 가야 해. 안녕."
갈대배는 노를 저으며 다른 갈대배들과 함께 사라졌어요.
"자, 우리도 계속 가야지?"
빨간 비행기는 호수 위로 날아올랐어요.

갈대배
티티카카 호에서 자라는 갈대인 토토라를 엮어 만든 배야. 이곳 사람들은 토토라로 여러 가지 생활용품을 만들어 쓰며 살고 있지.

갈대배가 들려주는 페루

남아메리카에 있는 페루는 안데스 고원에 있는 보물창고야. 태양신을 믿던 잉카 제국의 유적, 꼭꼭 숨어 있다가 모습을 드러낸 도시 마추픽추, 사막에 그려진 나스카 그림 등 고대의 문화유산들은 보면 볼수록 신비롭고 놀라워.

페루는 남아메리카 서쪽에 있어.
수도는 리마야.
인구는 약 3,115만 명이고,
언어는 에스파냐 어, 케추아 어를 사용해.

마추픽추
페루 남쪽의 우루밤바 계곡에 있는 잉카 제국의 고대 도시야. 잉카 제국은 옛날 페루에 살던 인디오들이 세운 나라야. 태양신을 섬기며 살았지. 잉카 사람들은 독수리는 하늘을, 퓨마는 땅을, 뱀은 물을 대표하는 동물이라고 생각했대. 잉카 제국은 1500년대에 에스파냐 사람들의 침략으로 사라지고 말았어. 그런 도시가 절벽과 골짜기 속에 꼭꼭 숨어 있다가 한 역사학자에 의해 발견되었지. 하늘에서만 도시 전체를 볼 수 있어서 '공중 도시'라고도 해.

안데스콘도르
남아메리카에서 가장 큰 새야. 콘도르들은 거의 죽은 동물을 먹어.

티티카카 호
티티카카 호는 페루와 볼리비아 사이에 있는, 남아메리카에서 제일 큰 호수야. 해발 3,810m의 높이에 있는데 마치 바다처럼 아주 넓지. '티티'는 퓨마를, '카카'는 호수를 뜻해.
티티카카 호에는 사람이 만든 우로스 섬이 있어. 이 호수에서 물 위에 둥둥 뜨는 갈대인 토토라가 자라는데, 그 줄기를 잘라 쌓아서 땅을 만든 거야. 우로스 섬을 걸으면 마치 침대 위를 걷는 것처럼 푹신푹신해.

나스카 라인
페루 남쪽에는 '나스카'라는 사막 도시가 있어. 이곳에는 하늘에서 내려다보아야만 전체 모양을 알 수 있는 큰 그림인 나스카 라인이 있지. 나스카 라인 중에는 원숭이, 거미, 소용돌이 모양 등이 있는데, 아직도 누가 왜 그렸는지를 알 수 없대.

21

"여기는 아마존 밀림이야."
아마존 밀림은 정말 엄청났어요.
기다란 강이 구불구불 흐르면서
크고 작은 나무들이 빽빽이 숲을 이루고 있었어요.

"이곳에는 동물 친구들이 참 많아.
언젠가 아주 큰 보아뱀이 나를 삼켰다가 뱉은 적도 있어!"
나는 생각만으로도 무서워 어깨를 잔뜩 움츠렸어요.

우리는 구불구불 긴 강을 따라
구불구불 하늘을 날았어요.

보아뱀
더운 지역에 사는 아주 큰 뱀이야. 나뭇가지에 매달려 있다가 먹이를 잡으면 몸으로 꽉 감아서 통째로 삼켜 버려.

높은 다리 위에서 구름 기차 누나를 만났어요.
내가 커피를 건네자 누나는 커피를 홀짝홀짝 마셨어요.
"아, 따뜻해. 여긴 해가 지면 무척 추워져."
"이렇게 높은 곳을 혼자 다니면 무섭지 않아요?"
"괜찮아. 산과 계곡을 다니는 사람들에게는 내가 꼭 필요하거든."
"와! 누나는 진짜 용감해."
"지금도 나를 기다리는 사람들이 있어. 그럼 조심해서 잘 가."
누나는 우리에게 판초 두 벌을 선물하곤 빠르게 달려갔어요.

구름 기차
안데스 산맥 동쪽에는 '살타'라는 높은 지대의 도시가 있어. 살타 역을 출발한 구름 기차는 아르헨티나 북부의 고산 지대를 달려 해발 4,000m가 넘는 육교 역에 도착하지. 기차는 일주일에 딱 한 번만 관광객과 원주민을 위해 달려. 구름 기차 창문을 열고 밖을 보면 마치 구름 위에 있는 것 같아.

구름 기차가 들려주는 아르헨티나

남아메리카에 있는 아르헨티나는 화려한 탱고와 축구로 유명한 나라야. 우리나라와 지구 반대편에 있기 때문에 밤과 낮이 반대고 계절도 반대지. 영토는 남북으로 길게 뻗어 있는 모양인데, 북쪽에는 열대 초원이 있고 극지방과 가까운 남쪽에는 얼음 땅이 있어.

아르헨티나는 남아메리카 남쪽에 있어. 수도는 부에노스아이레스야. 인구는 약 4,313만 명이고, 언어는 에스파냐 어를 사용해.

이구아수 폭포
세계에서 제일 큰 폭포로 아르헨티나와 브라질 국경에 있어. 이구아수에는 '악마의 목구멍'이라고 불리는 작은 폭포가 있는데 이 폭포 앞에 서 있으면 어마어마한 물보라 때문에 온몸이 흠뻑 젖어.

팜파스
아르헨티나 중앙에 있는 넓은 초원이야. 밀과 옥수수 등을 재배하고 소와 양을 많이 기르지. 소를 모는 사람들을 가우초라고 부르는데 챙이 넓은 모자를 쓰고 판초를 입어.

파타고니아 빙하
아르헨티나 남쪽에는 파타고니아 지역이 있어. '파타고니아'는 발이 큰 사람들이라는 뜻으로, 최초로 배를 타고 세계 일주를 했던 마젤란이 이곳에 살던 원주민의 발을 보고 붙인 이름이야. 이곳에는 얼음으로 뒤덮인 넓은 땅과 얼음덩어리들이 거인처럼 서 있는 호수가 있지.

향고래
머리가 크며, 먹잇감으로 깊은 바다에 있는 큰 오징어를 좋아해.

세 번째 여행지
오세아니아

오세아니아는 오스트레일리아와 뉴질랜드를 포함해 태평양에 있는 여러 섬들로 이루어져 있어. 남태평양에는 셀 수 없을 정도로 섬들이 많아서 여러 섬들을 묶어 제도라고 부르지. 그중에는 솔로몬 제도, 쿡 제도, 피지 제도 등이 있어. 사람들은 주로 배를 타고 작은 섬들을 오간단다.

반짝반짝 빛나는 구슬 같은 섬들을 지나 한 항구에 도착했어요.
카약 할아버지가 항구에 우두커니 있었어요.
"할아버지, 뭐하세요?"
"그냥 쉬고 있단다. 한때는 나도 힘차게 물살을 갈랐는데,
지금은 조용히 있는 게 좋구나."
나는 할아버지에게 가만히 노를 건넸어요.
"오! 노가 없어서 불편했는데 정말 고맙다."
할아버지는 바다를 향해 천천히 노를 저었어요.
"지오, 우리도 어서 가자."
빨간 비행기는 뭉게구름을 향해 높이 올라갔어요.

카약
길쭉한 바나나처럼 생긴 배야. 한두 사람이 탈 수 있고, 양쪽으로 노를 번갈아 저으며 앞으로 가지. 무겁지 않고 운반하기 쉽기 때문에 차 지붕에 싣고 바다로 가서 타곤 해.

카약이 들려주는 오스트레일리아

오세아니아에 있는 오스트레일리아는 세계에서 유일하게 대륙 전체를 영토로 하는 나라야. 내륙 지역은 메마른 사막이라 사람들은 대부분 동부 해안가에 살지. 오랜 옛날부터 다른 대륙과 떨어져 있었기 때문에 이곳에서만 볼 수 있는 신기한 동물이 많아.

오스트레일리아는 남태평양에 있어. 수도는 캔버라야.
인구는 약 2,397만 명이고, 언어는 영어를 사용해.

딩고
오스트레일리아 들개라고 할 수 있는 딩고는 귀가 크고 꼿꼿하며 성질이 사나워.

아웃백
오스트레일리아에서는 바닷가에서 멀리 떨어진 건조한 땅을 아웃백이라고 해. 물이 부족한 아웃백에서는 풍차로 지하수를 끌어올려 풀을 자라게 했고, 그 결과 소와 양을 기르기에 좋은 초원이 되었어. 질이 좋은 오스트레일리아 양모는 전 세계로 수출돼.

오스트레일리아바다사자
서쪽과 남쪽 바닷가에 무리를 지어 살아. 수컷은 으르렁 소리를 내.

그레이트디바이딩 산맥
대륙 동쪽에 길게 뻗어 있는 산맥이야. 이 산맥을 기준으로 동쪽 바닷가에는 사람들이 많이 살고, 서쪽 땅에는 건조한 아웃백이 펼쳐져.

태즈메이니아 섬
오스트레일리아 남쪽에 있는 섬이야. 늘 따뜻하고 깨끗한 바다에 둘러싸여 있어서 사람들이 편안한 휴가를 즐기러 오지. 카약을 타면 태즈메이니아 섬 주위와 아름다운 바다를 천천히 구경할 수 있어.

동아프리카 지구대
북쪽의 홍해부터 남쪽의 잠베지 강까지 이어진 거대한 골짜기를 동아프리카 지구대라고 해. 지구대는 지구의 겉을 둘러싸고 있는 땅이 오랜 시간 동안 천천히 이동하면서 약한 부분이 쪼개진 것을 말하지. 동아프리카 지구대에 가면 날카로운 절벽과 깊은 골짜기, 수많은 호수와 화산들을 볼 수 있어.

사하라 사막
세계에서 제일 큰 사막이야. 리비아와 이집트의 영토 대부분을 차지하지. 뜨거운 모래바람이 불어서 땅의 모습이 자주 변해. 물이 있는 오아시스와 야자나무가 자라는 멋진 곳도 있어.

빅토리아 호수
빅토리아 호수는 케냐, 탄자니아, 우간다에 걸쳐 있는, 아프리카에서 제일 큰 호수야. 바다처럼 넓은 호수의 물은 나일 강으로 흘러가.

마다가스카르 섬
1억 년에 걸쳐 아프리카 대륙에서 떨어져 나온 섬이야. 특이한 동물이 많이 살고 있지. 섬의 서쪽에는 바오바브나무가 많아. 마다가스카르 섬에만 사는 여우원숭이는 팔다리가 길고 튼튼해서 나무 사이를 잘 뛰어다녀.

빅토리아 폭포
빅토리아 폭포는 아프리카에서 제일 큰 폭포로, 잠베지 강에 있어. 영국의 탐험가인 리빙스턴이 발견하고 이 폭포에 영국 여왕의 이름을 붙였어.

희망봉과 테이블 마운틴
남아프리카 공화국 케이프 반도 끝에는 희망봉이 있어. 포르투갈 항해자였던 바르톨로뮤 디아스가 발견했는데 이곳을 통해 인도로 가는 항로를 개척했지. 희망봉 북쪽에는 산꼭대기가 평평한 책상 모양인 테이블 마운틴이라는 산이 있어. 이 산에 서면 서쪽으로 대서양이, 남쪽으로 희망봉이, 북쪽으로 아프리카 대륙이 한눈에 보여.

네 번째 여행지
아프리카

아프리카는 세계에서 두 번째로 큰 대륙이야. 케냐, 콩고, 가나 등 50개가 넘는 나라들이 있어. 적도를 중심으로 북쪽에는 뜨거운 사하라 사막이 있고, 남쪽에는 넓은 초원이 있지. 적도 부근에는 덥고 비가 많이 와서 밀림이 많이 형성돼 있어. 부족별로 독특한 생활 방식이 있으며, 1,600개가 넘는 고유 언어를 사용하고 있지.

우리는 마다가스카르 섬에서 잠시 쉬기로 했어요.
그곳에는 하늘을 향해 쭉 뻗은 큰 나무들이 있었어요.
마치 땅부터 하늘까지 이어진 미끄럼틀 같았지요.
"저 나무는 무슨 나무야?"
"응. 저건 바오바브나무야. 가까이 가 보자!"

바오바브나무
주로 아프리카 사막에 살며 생텍쥐페리의 동화 《어린 왕자》에 등장해 유명해졌어. 세상에서 가장 크고 오래 사는 식물 중 하나로, 아프리카 사람들은 이 나무를 신성하게 여기지. 몸통 안에는 많은 양의 물을 저장할 수 있어.

빨간 비행기가 낮잠을 자는 동안 난 바오바브나무와 놀았어요.
놀다 지치면 나무는 날 꼬옥 안아 주었지요.
바오바브나무는 참 따뜻했어요.

바다를 건너 달라달라를 만나러 갔어요.
달라달라는 울퉁불퉁한 길을 누비며
사람들을 실어 날랐어요.
"오랜만이야. 여전히 바쁘구나?"
"아이고, 숨차다. 헥헥."
저쪽에서 사파리 차 한 대도 헥헥거렸어요.
빨간 비행기는 두 친구를 위해 아이스크림을 선물했어요.
둘은 보답으로 우리에게 멋진 공원을 구경시켜 주었지요.
"어두워지기 전에 다시 출발해 볼까?"
난 섭섭한 마음을 뒤로 하고 빨간 비행기에 올랐어요.

달라달라
탄자니아 사람들이 타는 소형 버스야. 마치 '달려라, 달려!'라고 하는 것 같지? 탄자니아의 울퉁불퉁한 길을 잘 달리려면 큰 버스보다는 작은 차를 타는 게 나아. 달라달라의 탑승 정원은 15명 정도이지만 늘 더 많은 사람이 타지.

달라달라가 들려주는 탄자니아

아프리카에 있는 탄자니아는 아프리카 동쪽의 탕가니카라는 나라와 인도양의 잔지바르 섬이 합쳐지며 만들어진 아름다운 나라야. 아프리카에서 가장 높은 산인 킬리만자로 산과, 넓은 초원에서 뛰노는 수많은 야생 동물을 볼 수 있어. 국기에 있는 초록색은 초원을, 하늘색은 바다를 뜻해.

탄자니아는 아프리카 남동쪽에 있어. 수도는 도도마야. 인구는 약 4,742만 명이고, 언어는 스와힐리 어, 영어, 아랍 어를 사용해.

킬리만자로 산
'빛나는 산'이라는 뜻의 킬리만자로는 아프리카에서 제일 높은 산이야. 더운 적도 부근에 있지만 산꼭대기는 추워서 항상 눈이 덮여 있어. 햇빛을 받은 눈은 언제나 반짝거리기 때문에 킬리만자로 산을 '탄자니아의 왕관'이라고 불러.

세렝게티 국립 공원
탄자니아에서 가장 큰 공원이야. 북쪽은 케냐의 마사이마라 동물 보호 구역과 닿아 있지. 끝없이 펼쳐진 초원에는 사자, 코끼리, 들소, 얼룩말 등 많은 동물들이 살고 있어. 사파리 차를 타고 이곳을 구경할 수 있지. 사파리는 여행이라는 뜻이야.

- 검은꼬리누 : 풀을 먹는 초식 동물이며, 떼를 지어 먹이를 찾아 이동해.
- 침팬지 : 아프리카 적도 주위에 살며, 도구를 사용할 줄 아는 똑똑한 동물이야.
- 하이에나 : 주로 죽은 동물을 먹는 청소동물이야.
- 사자 : 아프리카에서 최고로 힘이 세고 강한 육식 동물이야.
- 아프리카코끼리 : 몸집이 매우 크며 귀가 큰 것이 특징이야.

응고롱고로 분화구
세렝게티 국립 공원 안에는 큰 구멍이란 뜻의 응고롱고로 분화구가 있어. 원래 이 화산은 원뿔이었는데 다시 폭발하면서 꼭대기가 움푹 파이게 되었지. 크기가 어마어마해서 한쪽 끝에서 다른 쪽 끝까지 차로 가로질러도 1시간이 넘게 걸려. 이곳에는 코뿔소와 누 등 많은 동물들이 살고 있어.

잔지바르 섬
아프리카 대륙 동쪽, 인도양에 있는 섬이야. 섬 주변 바다는 깨끗하고 수심이 낮아서 다양한 바다 생물을 구경할 수 있지. 무리지어 헤엄치는 돌고래도 자주 볼 수 있어.

펠루카 할머니는 아주 오래전부터 나일 강에서 살았대요.
할머니는 나를 태우고 피라미드와 스핑크스,
미라와 보물에 대한 이야기를 들려주었어요.
햇볕이 뜨거워지고 바람이 선선해지자
펠루카들은 돛을 접고 쉬었어요.
할머니는 꾸벅꾸벅 졸기 시작했어요.
"쉿! 지오야, 이제 가자."
우리는 할머니에게 조용히 인사를 드리고
조심조심 날아올랐어요.

펠루카
삼각돛을 단 펠루카는 바람을 이용해서 움직이는 배로, 오랜 옛날부터 나일 강의 교통수단이었어. 지금은 관광객을 많이 태우고 다니지만 옛날에는 강의 상류에서 하류까지 사람은 물론 돌과 모래 등의 건축 재료도 많이 운반했어.

펠루카가 들려주는 이집트

아프리카에 있는 이집트는 국토의 대부분이 사막이기 때문에 옛날부터 사람들이 나일 강 주변에 모여 살았어. 나일 강 주변에는 피라미드와 스핑크스, 신전 등의 오래된 건축물들이 많지. 국기는 빨강, 하양, 검정의 삼색기로, 가운데 있는 독수리 문장은 아랍 영웅인 살라딘 장군을 상징해.

이집트는 아프리카 북동쪽에 있어.
수도는 카이로야.
인구는 약 8,840만 명이고,
언어는 아랍 어를 사용해.

알렉산드리아
옛날 알렉산드로스 대왕이 나일 강과 지중해가 만나는 곳에 세운 항구 도시야. 이곳에는 고대 박물관과 오래된 요새 등 이집트의 역사를 알 수 있는 유적들이 많아.

수에즈 운하
지중해와 홍해, 인도양을 연결하는 중요한 운하야. 수에즈 운하 덕분에 대륙을 돌아가야 했던 먼 뱃길이 무척 짧아졌어.

나일 강
적도에서 지중해로 흘러가는 이집트의 젖줄이야. 세계에서 아마존 강 다음으로 긴 강이야. 나일 강에는 나일악어가 사는데 힘센 꼬리로 물을 휘저으며 다녀.

피라미드와 스핑크스
고대 이집트에선 왕을 '파라오'라고 했어. 파라오가 죽으면 미라로 만들어서 피라미드에 묻었는데, 왕의 관에는 부활을 뜻하는 쇠똥구리 박제를 붙였어. 또, 해가 지는 서쪽이 죽음을 뜻한다고 생각해서 나일 강의 서쪽에만 피라미드를 세웠어. 기자에 있는 3개의 피라미드 앞에는 석회암 산을 깎아 만든 스핑크스가 있어. 사람의 머리에 사자 몸을 한 스핑크스가 피라미드를 지키고 있지.

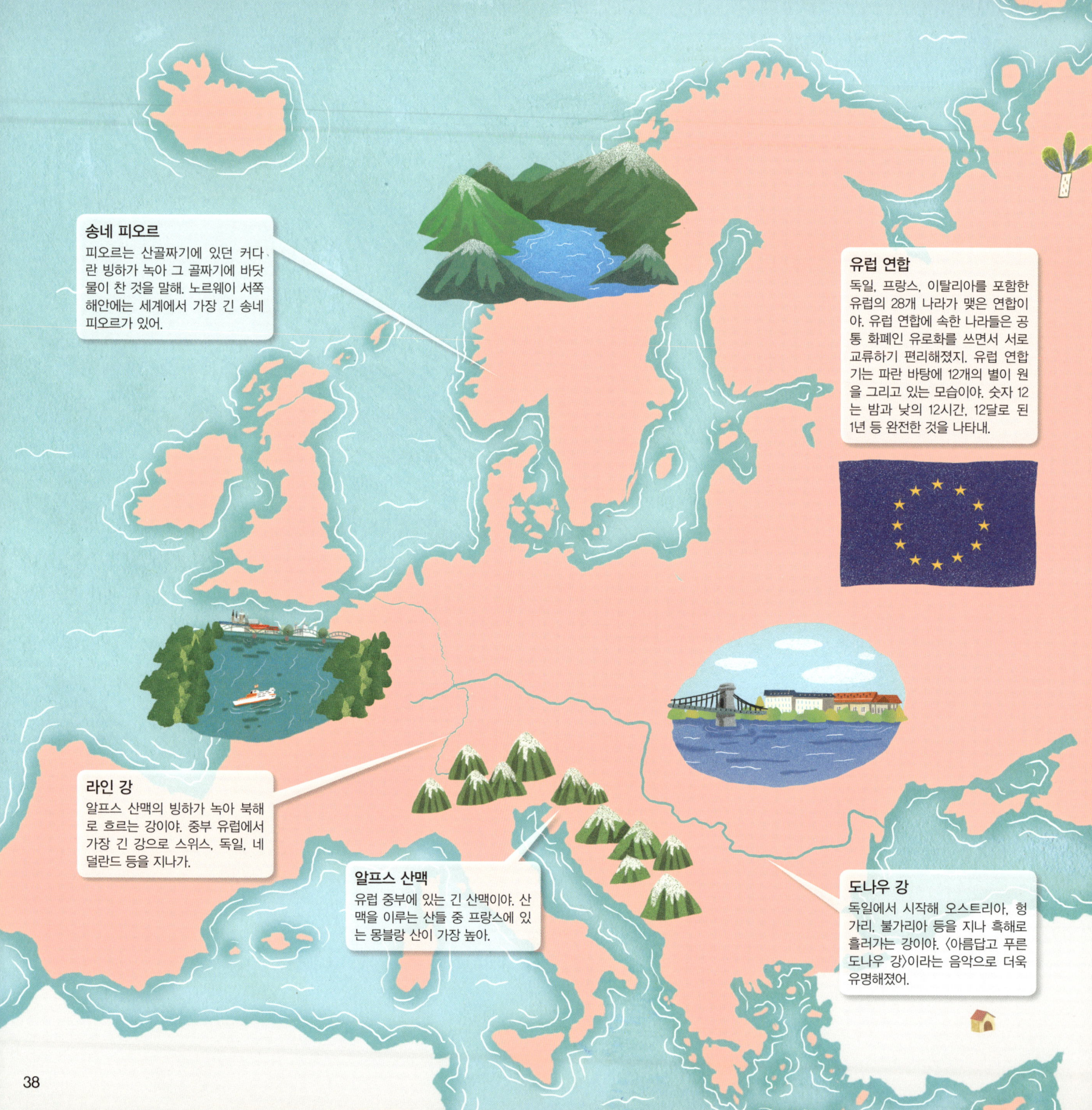

다섯 번째 여행지
유럽

유럽은 46개의 나라가 옹기종기 붙어 있는 작은 대륙이야. 위도에 따라 북부 유럽, 중부 유럽, 남부 유럽으로 나뉘어. 북부 유럽은 숲이 많고 눈이 많이 와. 따뜻한 멕시코 해류 덕에 기후는 온화한 편이야. 중부 유럽은 평야가 많아서 다양한 농작물을 키우기 좋고, 남부 유럽은 지중해 근처에 있어서 따뜻하고 비가 많이 오지.

길쭉하고 작은 배가 우리를 향해 손짓했어요.
난 빨간 비행기에서 곤돌라로 갈아타고 베네치아를 누볐어요.
곤돌라는 내가 준 사탕을 삼키며 한숨을 쉬었어요.
"휴. 관광객들에게 말을 많이 하다 보면 목이 너무 아파.
앗, 저기 또 나를 찾는 손님이 있군. 그럼 이만!"
내가 폴짝 뛰어올라 빨간 비행기로 옮겨 타자
곤돌라는 쏜살같이 손님들을 태우러 갔어요.
"곤돌라는 이곳이 너무 좋은가 봐."
우리는 하늘로 포르르 솟아 올랐어요.

곤돌라
베네치아의 운하를 다니는 날씬하게 생긴 배야. 곤돌라에서 노를 저으며 사람들을 이동시켜 주는 뱃사공을 '곤돌리에'라고 부르지. 곤돌라를 타면 좁은 운하도 쉽고 빠르게 다닐 수 있어.

곤돌라가 들려주는 이탈리아

유럽에 있는 이탈리아는 굽이 높은 기다란 장화처럼 생겼어. 약 3,000년 전에는 로마라는 큰 제국이었지. 조상들이 남긴 뛰어난 예술 작품과 건축물은 지금도 매우 인기가 좋아. 멋진 오페라나 개성 있는 패션을 보면 이탈리아인들의 열정을 느낄 수 있어.

이탈리아는 유럽 남쪽에 있어. 수도는 로마야.
인구는 약 6,078만 명이고, 언어는 이탈리아 어를 사용해.

베네치아
120여 개의 작은 섬들을 400여 개의 다리로 이어 만든 물의 도시야. 차가 다니는 딱딱한 도로와 달리 길은 물이 흐르는 운하여서 배로 다녀야 해.
베네치아에서는 매년 2월 사순절에 축제를 여는데, 가면 대회가 축제의 하이라이트라고 해.

피사
피사 도시에 가면 원통형의 우뚝 솟은 피사의 사탑을 볼 수 있어. 땅이 무르기 때문에 오래전부터 탑이 기울어져 왔는데 무너지지 않도록 보수를 했어. 사탑 옆에는 아름다운 피사 두오모가 있어. 이탈리아에서는 성당을 두오모라고 불러.

베수비오 화산과 폼페이
나폴리 만에는 가끔 불꽃과 연기가 보이는 베수비오 화산이 있어. 이 화산은 기원 후 79년에 폭발하면서 폼페이 도시를 집어삼켰는데, 1,500년이 지나서 그 유적이 발굴되었지. 폼페이 유적에서는 당시 목욕탕, 시장, 수영장 등은 물론 화산재에 묻힌 옛날 사람들의 흔적도 볼 수 있어.

로마
이탈리아의 수도야. 옛날에는 여러 나라와 민족을 다스리던 큰 제국이었지. 로마에는 고대 시장과 신전 등이 있던 포로 로마노와 큰 경기장이었던 콜로세움, 바다의 신 포세이돈 조각상이 있는 트레비 분수 등 볼거리가 많아. 진실의 입이라는 석판도 있는데 입에 손을 넣고 거짓말을 하면 손이 잘린다는 무시무시한 전설이 있어.
- 바티칸 시국 : 바티칸 시국은 로마 안에 있는 세계에서 가장 작은 나라야. 전 세계 가톨릭교회의 중심지로, 세계에서 가장 큰 성당인 성 베드로 성당과 교황이 사는 바티칸 궁전이 있어.

올리브나무

지중해 기후에서 잘 자라는 식물로, 열매인 올리브는 음식 재료로 많이 쓰여. 비둘기가 올리브 나뭇잎을 물고 있는 모습은 평화를 상징해.

시내 도로에 새침하게 지나가는 뻘간색 진차가 보였어요.
"내 여, 여자 친구 트, 트램이야. 예, 예쁘지?"
빨간 비행기는 얼굴이 빨개져서는 말까지 더듬었어요.
빨간 비행기는 한참 동안 빙빙 돌며 트램을 바라보기만 했어요.
보다 못한 내가 말했어요.
"만나러 가지 않을 거면 그만 가자. 지루해."
"그, 그래. 알았어."
빨간 비행기는 시무룩한 얼굴로 출발했어요.

트램
프라하에서는 트램을 쉽게 볼 수 있어. 교통권 1장으로 트램과 지하철, 버스를 편리하게 갈아탈 수 있지. 트램은 유럽의 대도시와 홍콩, 일본에서도 많이 볼 수 있어. 버스나 자동차보다 속도는 느리지만 전기 에너지로 달리기 때문에 매연을 줄일 수 있지. 게다가 선로를 따라 일정하게 달리기 때문에 도로가 막히지 않고, 정거장에서 쉽게 타고 내릴 수 있단다.

트램이 들려주는 체코

유럽의 동쪽에 있는 체코는 중세 유럽의 모습을 고스란히 간직한 나라야. 오래된 거리, 다리, 건물 들을 보고 있으면 마치 타임머신을 타고 과거를 여행하는 것 같지. 예전에는 이웃 나라 슬로바키아와 하나의 나라였는데 1993년 분리되었단다.

체코는 유럽 동쪽에 있어.
수도는 프라하야.
인구는 약 1,053만 명이고,
언어는 체코 어를 사용해.

프라하 성

카를 교

프라하 구시청사 천문 시계

프라하
체코의 수도 프라하는 1,000년의 역사를 가진 유명한 도시야. 화려한 궁전과 성당, 중세의 모습을 간직하며 삐죽삐죽 높이 솟은 탑들이 있지.

- 프라하 성 : 체코 대통령이 머무는 프라하 성은 현재 사용되고 있는 성 중 세계에서 가장 규모가 커. 정오에는 멋진 악기 소리와 함께 근위병들의 근사한 교대식을 구경할 수 있어.
- 카를 교 : 프라하에는 블타바 강이 흘러. 강에는 여러 다리가 있는데 그중 600년 된 돌다리인 카를 교가 유명해. 난간에 30개의 성상이 있는 카를 교는 예술가와 관광객으로 늘 북적거리지.
- 프라하 구시청사 천문 시계 : 프라하 광장에는 천문 시계가 있어. 매시 정각에 해골이 종을 울리면 12개의 인형이 움직이고, 닭이 울고 종이 울리면서 끝이 나지. 이 공연을 보려면 1분 동안 고개를 높이 들고 올려다봐야 해.

코스트니체 세드렉 성당
'해골 성당'으로 유명해. 이 성당 내부는 4만여 개가 넘는 해골과 뼈로 장식되어 있어. 유럽에서는 14세기 흑사병이라는 무서운 전염병 때문에 수많은 사람이 죽었는데, 이곳은 그들의 죽음을 기리는 곳이야.

마리오네뜨
손으로 줄을 당기면 움직이는 체코의 전통 인형이야. 체코는 1600년대에 오스트리아의 지배를 받으며 체코 어를 사용할 수 없게 되었는데 마리오네뜨 인형극을 통해 자신들의 언어를 지킬 수 있었어.

이번에는 바다 건너 섬나라에서 이층 버스를 만났어요.
"이제 오면 어떡해! 옆구리에 페인트칠이 벗겨진 채로 다녔잖아!
얼마나 창피했는지 알아? 어서 칠해 줘!"
이층 버스는 우리를 보자마자 호들갑을 떨었어요.
빨간 비행기와 난 꼼짝없이 옆구리를 색칠했죠.
"정말 감쪽같은걸. 다음에도 부탁해!"
이층 버스는 거울을 들여다보고는
정류장에서 기다리는 사람들에게 달려갔어요.

이층 버스
런던을 상징하는 것 중 으뜸이라 할 수 있어. 멋스런 골목길을 달리는 빨간 이층 버스는 도로에서 가장 눈에 띄지. 또 차비가 싸서 관광객들에게 인기가 좋아. 운전석은 오른쪽에 있는데 옛날에 마차를 모는 마부가 오른쪽에 앉아서 말을 채찍질하던 전통이 그대로 내려온 거래.

이층 버스가 들려주는 영국

유럽 서쪽에 있는 영국은 섬나라야. 19세기에서 20세기 초에 영국이 지구의 동쪽부터 서쪽까지 세계 여러 나라를 지배했기 때문에 '해가 지지 않는 나라'라고 불렸지. 오랜 역사와 전통을 가진 나라로, 국민들은 옛것을 소중하게 지키며 살고 있어.

영국은 유럽 서쪽에 있어.
수도는 런던이야.
인구는 약 6,480만 명이고,
언어는 영어를 사용해.

런던
영국의 오랜 수도야. 높고 번쩍이는 건물보다는 낮고 오래된 건물들이 많은 도시야.

- 타워 교 : 타워 교는 템스 강에 있는 유명한 다리야. 하늘로 솟은 2개의 뾰족한 탑과, 큰 배가 지나갈 때 다리 가운데가 열리는 모습은 정말 근사해.
- 런던 탑 : 런던 탑은 크기가 커서 탑이라기보다는 성에 가까워. 오랜 옛날부터 영국의 정치범들이 갇히고 죽었던 곳이지. 지금은 박물관으로 사용되고 있어.
- 그리니치 천문대 : 지구는 하루에 한 바퀴씩 자전하기 때문에 나라마다 시간이 달라. 어떤 나라가 아침일 때 어떤 나라는 밤이 되지. 그래서 사람들은 그리니치 천문대를 기준으로 세계 시간을 정했어. 그리니치가 밤 0시일 때 우리나라는 아침 9시, 미국 뉴욕은 저녁 7시가 되지. 그리니치 천문대에는 옛날 천체 망원경과 항해 도구들이 있어.

스코틀랜드
영국 북쪽에 있는 지역으로, 옛날 스코틀랜드 남자들은 '킬트'라는 치마를 입었어. 또 입으로 바람을 넣어 소리를 내는 '백파이프'라는 전통 악기를 불었지. 지금도 축제를 할 때면 백파이프 연주자들의 공연을 볼 수 있어.

타워 교

런던 탑

스톤헨지
아주 옛날 사람들이 세워 놓은 거대한 돌들이야. 돌기둥 하나가 서 있거나 2개의 큰 돌기둥 위에 가로로 돌이 얹어져 있지. 왜 세워 놓았는지, 어떻게 운반했는지는 알 수 없다고 해.

그리니치 천문대

바다 위를 날던 빨간 비행기가 두리번거리며 뭔가를 찾았어요.
"아, 저기 페리 보여? 정말 늠름해 보이지?
페리는 늘 많은 사람과 짐을 싣고 다녀.
오늘은 무척 바쁜가 봐. 아무래도 인사는 다음에 해야겠는걸.
다음 친구를 만나러 가자."
나는 또 어떤 친구들을 만날지 설렜어요.

페리
사람이나 차를 운반하는 큰 배를 말해. 페리를 타면 땅의 길을 통해 가야 하는 먼 길을 보다 짧은 시간에 갈 수 있어. 바닷가 둘레의 멋진 경치를 구경하려는 사람들도 페리를 이용하지.

페리가 들려주는 터키

터키는 유럽과 아시아 대륙에 걸쳐 있는 나라야. 흑해, 에게 해, 지중해로 둘러싸여 있고, 두 대륙을 오가는 길목에 있어서 아시아와 유럽 상인들의 교통로 역할을 했어. 터키에는 유럽과 아시아의 건축물, 생활 양식 등이 잘 섞여 있지.

터키는 유럽의 동쪽과 아시아 서쪽에 있어. 수도는 앙카라야. 인구는 약 7,770만 명이고, 언어는 터키 어를 사용해.

보스포루스 해협
흑해와 에게 해, 지중해를 연결하는 좁은 바닷길이야. 해협에는 서쪽에 있는 유럽과 동쪽에 있는 아시아를 이어 주는 2개의 다리가 있지.

이스탄불
터키의 수도는 '앙카라'이지만 2,000년이 넘는 역사를 가진 이스탄불이 더 유명해. 이스탄불에는 성소피아 성당과 블루모스크 등 가톨릭과 이슬람교를 대표하는 건축물들이 있어.

앙고라토끼
길고 부드러운 털을 가진 앙고라토끼는 터키에서 처음 생겨났어.

트로이 목마
소아시아 서쪽에는 '트로이'라는 도시가 있어. 옛날 그리스는 바다 건너 트로이와 전쟁을 하다가 항복의 표시로 트로이에 목마를 보냈는데, 목마 안에 숨어 있던 그리스 병사들이 한밤중에 트로이를 공격해 결국 전쟁에서 이겼어. 지금 트로이에는 커다란 목마 모형이 서 있어.

파묵칼레
'목화의 성'이라는 뜻의 이름을 가진 지역이야. 파묵칼레의 하얀 석회층을 보고 있으면 마치 하얀 목화꽃을 보는 것 같지. 석회층 계단에는 뽀얀 물이 흘러내리다가 고이곤 하는데 날씨가 좋을 때는 이곳에서 온천을 즐기는 사람들도 많아.

카파도키아
터키 중부에 있는 지역이야. 계곡에는 구멍이 숭숭 뚫린 바위 산과 버섯 모양의 바위가 가득해서 마치 우주에 온 것 같은 기분이 들지. 바위의 구멍은 오랜 시간 동안 화산 활동과 지진, 바람으로 생겨난 거야. 옛날 사람들은 무른 바위에 구멍을 파서 동굴 집을 만들어 생활했어.

메소포타미아
이라크에는 티그리스 강과 유프라테스 강이 흘러. 이 두 강 사이의 땅을 '메소포타미아'라고 하는데 세계 최초의 문명인 메소포타미아 문명이 이곳에서 발생했지. '우르'라는 지역에는 달의 신에게 제사를 지내던 신전인 지구라트가 있어.

카스피 해
이란, 아제르바이잔 등의 나라로 둘러싸여 있는 바다야. 땅으로 둘러싸여 있어서 호수라고 하기도 하고 민물보다 짜기 때문에 바다라고 하기도 해.

페르시안고양이
긴 털과 둥근 얼굴이 특징인 고양이야. 전 세계적으로 많은 사람이 키우고 있어.

사해
이스라엘과 요르단 사이에는 사해라는 호수가 있어. 이 물은 바다로 나가지 못한 채 햇볕에 증발한 탓에 바다보다 7배 이상 짜. 너무 짜서 식물이 자랄 수 없고 물고기도 살지 못해. 물 위에는 소금 덩어리가 둥둥 떠 있지.

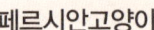

페트라
바위를 뜻하는 페트라는 요르단에 있는 고대 도시야. 이 도시는 옛날 아라비아와 이집트 등을 다니며 장사를 했던 나바테아 왕국의 사람들이 바위를 파서 만들었어. 해가 질 때 페트라는 붉은 장미 색깔로 보여.

아라비아 반도
인도양, 홍해, 페르시아 만으로 둘러싸인, 세계에서 제일 큰 반도야. 비가 거의 내리지 않는 사막이라 식물이 잘 자라지는 못해. 사막은 낮에는 뜨거운 햇볕이 내리쬐고 밤에는 매우 추워.

여섯 번째 여행지
서남아시아

아시아는 지구에서 가장 큰 대륙으로 40억 명 이상의 사람들이 살고 있어. 서쪽의 유럽·아프리카와 가까운 서남아시아, 적도와 가까운 남부아시아와 동남아시아, 아시아 대륙 가운데에 있는 중앙아시아, 그리고 태평양과 맞닿아 있는 동북아시아로 나뉘지. 그중 서남아시아는 세계에서 가장 건조한 곳으로, 대부분 사막으로 되어 있어.

"어휴, 더워! 혹시 물 없어?"
"저 아래 낙타들이 물을 가지고 있을 거야."
빨간 비행기는 낙타들이 있는 모래 언덕 위에 사뿐히 내렸어요.
"얘들아, 혹시 물 있니?"
낙타 한 마리가 옆구리에 있던 물통을 꺼내 주었어요.
낙타가 준 물은 최고로 맛있었어요.
우린 낙타들에게 인사를 하고 다시 하늘로 날아올랐어요.

단봉낙타
사막 기후를 가장 잘 이겨 내는 동물이야. 몇 주 동안 물을 마시지 않아도 살 수 있고, 혹에 지방이 있어서 몇 달을 먹지 않고도 버틸 수 있어. 긴 속눈썹은 따가운 햇볕을 가려 주고 콧구멍을 닫으면 거친 모래바람이 들어오지 못한단다.

낙타가 들려주는 사우디아라비아

서남아시아에 있는 사우디아라비아는 아라비아 반도에서 가장 큰 나라야. 대부분의 땅이 사막이라 뜨거운 햇빛 아래 모래바람이 불지. 석유가 풍부해서 경제가 빠르게 발전했고 국민들의 생활도 좋아졌어. 국기에 있는 글은 '알라 외의 신은 없고 무함마드는 알라의 사자다.' 라는 뜻이야.

사우디아라비아는 서남아시아에 있어.
수도는 리야드야.
인구는 약 3,152만 명이고,
언어는 아랍 어를 사용해.

베두인
옛날부터 아프리카 북쪽과 서남아시아 사막에서 살아온 사람들이야. 주로 양을 키우거나 낙타를 데리고 장사를 하지. 험한 사막에서 살아남으려면 아주 용감해야 해.

사막과 오아시스
사막에는 모래와 바위가 가득해. 사막의 생물들은 아주 가끔 내리는 비로 꽃을 피우고 생명을 이어가지. 사막에서 자라는 선인장이나 사막 여우, 뱀, 전갈 등은 사막의 건조한 기후를 잘 견디는 생물들이야. 오아시스는 땅으로 스며든 빗물이 고여 있다가 나온 것으로, 사막에서 아주 고마운 물이야.

메카
이슬람교는 알라신을 믿는 종교야. 아주 옛날 무함마드라는 사람이 메카에서 처음 기도를 드리면서 사람들에게 알라의 말씀을 전했지. 이슬람교를 믿는 사람들은 어디에 있든지 매일같이 메카를 향해 기도를 하고, 평생에 적어도 한 번은 메카를 방문해서 기도를 드려야 해.

카나트
땅 위에 있는 물이 햇볕에 마르지 않게 하기 위해 옛날부터 사람들이 사용해 온 인공 지하 수로야.

우리는 나무로 만든 작은 배 아브라를 만났어요.
햇볕에 검게 탄 아브라의 얼굴이 무척 씩씩해 보였어요.
"오, 마침 잘 왔어. 내 의자에 튀어나온 못 좀 박아 줄래?"
나는 망치로 못을 쿵쿵 박아서 쏙 넣어 주었어요.
"이곳에는 크고 좋은 배도 있지만 나처럼 조그만 배도 많아."
아브라는 손을 흔들며 운하를 가로질러 갔어요.
빨간 비행기는 힘차게 하늘로 날아오르며 말했어요.
"이제 세계에서 제일 높은 산을 넘으러 가자."

아브라
두바이의 중심에는 운하가 있어서, 수상 택시인 아브라를 이용하면 빠르게 이동할 수 있어. 운하 주변의 근사한 경치도 구경할 수 있지.

아브라가 들려주는 아랍에미리트

서남아시아에 있는 아랍에미리트는 아부다비, 두바이, 샤르자 등 7개의 나라가 만든 연방 국가야. 아무것도 없던 사막 위에 인공 섬과 건물들이 생겨나면서 경제가 빠르게 발전하고 있지. 아랍에미리트의 국장에는 금색 매 안에 7개의 연방을 나타내는 7개의 별이 그려져 있어.

아랍에미리트는 서남아시아에 있어.
수도는 아부다비야.
인구는 약 958만 명이고,
언어는 아랍 어와 영어를 사용해.

아부다비
아랍에미리트의 수도야. 몇십 년 전만 해도 작은 시골 마을이었지만 지금은 화려한 고층 빌딩과 커다란 모스크가 들어섰지. 새하얀 그랜드 모스크는 아주 더운 날씨에도 안이 쉽게 뜨거워지지 않도록 지어졌어.

두바이
깨끗한 바다와 아름다운 사막이 어우러진 도시야. 바닷가에 있어서 옛날부터 무역의 중심지였고, 세계 경제의 중심지로 더욱 발전하고 있어. 세계 최고층 빌딩인 버즈칼리파, 세계 최대 실내 스키장인 스키 두바이, 세계 최대의 인공 섬인 팜 아일랜드 등 세계 최고의 건축물이 많아.

와디
원래는 물이 없는 골짜기이지만 비가 오면 물이 흐르는 강이 돼. '하타'라는 마을에 가면 절벽 아래로 멋진 와디를 구경할 수 있어. 덥고 건조한 사막을 여행하는 사람들에게는 신기하고 고마운 곳이야.

아데니움
바위틈에서 자라는 식물로, '사막의 장미'라고 불려. 줄기에 물을 저장해.

흰꼬리모래여우
모래나 돌사막에 서식하며 작은 동물이나 과일을 먹고 살아. 위험을 느끼면 고약한 냄새가 나는 액체를 내뿜지.

인더스 강
파키스탄에는 인더스 강이 있어. 인도의 영어 이름인 인디아는 이 강 이름에서 비롯되었지. 이곳에서 한 영국인 학자에 의해 기원전 3000년경의 인더스 문명이 발굴되었는데 이곳의 도시 유적인 모헨조다로에는 큰 목욕탕과 회의장, 상하수도 시설 등이 남아 있어.

히말라야 산맥
인도, 네팔, 부탄, 파키스탄, 중국에 걸쳐 있는 세계에서 가장 높은 산맥이야. 네팔에는 해발 8,848m로 세계에서 제일 높은 산인 에베레스트를 포함해, 높이가 8,000m가 넘는 산이 8개나 돼. 히말라야 산맥은 지금도 해마다 몇 센티미터씩 높아지고 있는데 티베트 사람들은 '성스러운 어머니'라는 뜻으로 '초모룽마'라고도 불러.

인도차이나 반도와 메콩 강
인도와 중국 사이에 있는 반도를 인도차이나 반도라고 해. 이곳에는 티베트 고원에서 시작해 미얀마, 타이, 라오스, 베트남 등을 흐르는 메콩 강이 있지. 사람들은 메콩 강 위에 집을 짓고서 고기를 잡고 농사를 지으며 살아.

코모도왕도마뱀
세계에서 가장 큰 도마뱀이야.

말레이 반도와 말레이 제도
타이 남쪽 끝에는 코끼리 코처럼 생긴 말레이 반도가 있어. 말레이 반도와 오세아니아 사이에는 수많은 섬들이 모여 있는 말레이 제도가 있지. 이곳은 대부분 열대 기후라 매우 덥고, 비가 많이 와. 또 지진과 화산 활동도 많이 일어나지. 말레이 반도는 위치 때문에 옛날부터 동양과 서양을 이어 주는 다리 역할을 했는데, 특히 싱가포르는 세계에서 가장 무역을 잘하는 나라야.

앙코르 와트
캄보디아에 있는 앙코르는 9~15세기 크메르 제국의 수도였어. 이곳에는 거대한 유적이 있어. 그 중 앙코르 와트는 왕의 죽음을 준비하기 위해 세운 사원으로, 세계에서 가장 크고 신비한 건물로 손꼽혀.

일곱 번째 여행지
남부·동남아시아

남부아시아와 동남아시아는 세계에서 인구가 가장 많은 곳이야. 다양한 종교를 믿고, 여러 가지 생활 양식이 한데 어우러져 있어서 이곳을 '문화의 비빔밥'이라고도 해. 기후는 뜨거운 날씨만 계속되는 건기와 비가 많이 오는 우기가 반복해서 나타나지. 덥고 습한 기후와 많은 농업 인구 덕분에 농작물이 많이 생산되는 지역이야.

에베레스트 산을 넘어 도착한 곳에서는
오토릭샤들이 우릴 반겨 주었어요.
오토릭샤는 발이 세 개뿐이었지만 무척 빨랐지요.
"잘 잡아. 출발한다! 뿡, 뿡, 뿡, 뿡부르르르……."
오토릭샤를 타고 달리는데 방귀 소리가 엄청났어요.
우리 아빠 방귀 소리와 똑같지 뭐예요! 으히히!
뿡뿡이 오토릭샤와 헤어질 때는 어찌나 서운하던지요.

오토릭샤
인도의 좁고 복잡한 도심의 길을 여행하고 싶다면 오토릭샤를 타 봐. 앞은 오토바이처럼 생겼지만 뒤에는 좌석이 있어서 앉을 수 있어. 울퉁불퉁한 길을 달릴 때는 놀이 기구를 타는 것처럼 덜컹덜컹 재미있어.

오토릭샤가 들려주는 인도

남부아시아에 있는 인도는 세계에서 두 번째로 인구가 많은 나라야. 과거에 영국의 지배를 받다가 독립하게 되었지. 인도 사람들은 대부분 힌두교를 믿으며 교리를 실천하고 살아. 농사를 짓고 사는 사람들이 많지만 영화와 정보 기술 산업도 빠르게 발전하고 있어.

인도는 남부아시아에 있어.
수도는 뉴델리야.
인구는 약 12억 6,974만 명이고,
언어는 힌디 어와 영어 등을 사용해.

타지마할
무굴 제국의 황제였던 샤자한이 부인 뭄타즈 마할의 죽음을 기리기 위해 지은 무덤이야. 세상에서 가장 아름다운 무덤으로 손꼽히지. 중앙 연못에 비친 타지마할의 모습은 최고로 아름다워.

조드푸르
파란 도시인 조드푸르, 분홍 도시인 자이푸르, 황금 도시인 자이살메르는 한 가지 색으로 가득한 도시들이야. 이 도시들을 방문하면 마법에 빠진 느낌이 들지.

뭄바이(발리우드)
인도의 영화 산업이 매우 발달한 도시야. 옛 이름은 '봄베이'였어. 미국의 영화 산업 도시인 할리우드와 비교해 '발리우드'라 부르기도 하지.

인도코브라
인도에만 있는 코브라 뱀이야. 위험을 느끼면 몸을 세우고 쉭쉭 소리를 내며, 독이 아주 강하지.

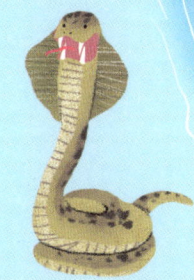

갠지스 강
히말라야 산맥의 빙하가 녹아서 생긴 갠지스 강은 인도에서 가장 긴 강이야. 이 강가에는 '바라나시'라는 도시가 있는데 강물로 죄를 씻고자 하는 사람들이 모여 기도를 해. 또 시체를 화장하면 이 강물에 뿌리는데 그렇게 하면 영원한 행복을 얻는다고 믿어.

갑자기 후두둑후두둑 비가 내렸어요.
우리는 얼른 나무 아래로 가서 비를 피했어요.
"꼬마가 감기에 걸리겠네. 이걸 써. 이건 논이라는 모자야."
지나가던 씨클로가 이상하게 생긴 것을 나에게 주었어요.
논을 쓴 덕분에 비 내리는 하늘을 신나게 날 수 있었어요.
"씨클로, 안녕!"
우리가 크게 소리치자
모두들 우리를 향해 손을 흔들었어요.

씨클로
세 발 달린 자전거야. 앞에는 손님이 앉고, 뒤에서 페달을 밟아 자전거 바퀴를 돌리며 가지. 앉아서 시내 곳곳을 천천히 구경할 수 있기 때문에 관광객들이 많이 이용해.

씨클로가 들려주는 베트남

동남아시아에 있는 베트남은 인도차이나 반도에 남북으로 길게 뻗어 있는 나라야. 1954년에 남북으로 분단되었다가 1975년에 통일이 되었어. 북쪽에는 천년 역사와 관광지로 유명한 도시 하노이가 있고, 남쪽에는 항구 도시인 호치민이 경제 중심지 역할을 하고 있지.

베트남은 동남아시아에 있어. 수도는 하노이야. 인구는 약 9,158만 명이고, 언어는 베트남 어 등을 사용해.

송코이 강
베트남 땅의 북쪽에는 송코이 강이, 남쪽에는 메콩 강이 있어. 송코이 강 하구에는 흙이나 모래가 쌓여 만들어진 삼각주가 있어. 많은 동식물이 이곳에서 서식하지. 여기서 쌀을 재배하기도 해.

하노이
베트남의 수도이자 교통의 중심지야. 이곳에는 큰 화원처럼 다양한 꽃이 많이 피어 있어. 베트남의 큰 도시에는 오토바이가 많이 다니는데 자동차보다 싸면서 좁은 길을 요리조리 빠르게 갈 수 있어. 또 지하철이나 버스가 별로 없어서 사람들은 '쎄옴'이라는 오토바이 택시를 자주 이용해.

하롱베이
베트남 북부에 있는 만이야. 오랜 시간 동안 바람과 바닷물에 의해 약 3,000개의 섬과 신기하게 생긴 바위, 석회암 동굴 등이 만들어졌지.

무이네
바다와 가까운 베트남은 어촌이 발달했어. '무이네'라는 어촌 마을에 가면 바구니처럼 생긴 '까이퉁'이라는 배가 있어. 대나무로 배를 만들고 소똥을 발라 물이 들어가지 않게 만든 까이퉁은 가난한 사람들이 고기를 잡기 위해 사용했던 전통 배야.

메콩 강
메콩 강에도 송코이 강과 마찬가지로 삼각주가 있어. 이곳 역시 많은 동식물의 서식지이며, 농업이 발달했지.

메콩메기
메콩 강에서는 사람보다 큰 메콩메기가 많이 잡혀.

고비 사막
몽골과 중국에 걸쳐 있는 아시아에서 가장 큰 사막이야. 이곳에서는 모래바람이 심하게 불어서 마스크를 써야 하지만 커다란 모래 언덕을 신나게 구를 수 있고, 공룡 화석지 등을 볼 수 있어.

백두산
북한의 북쪽에 있는, 우리나라에서 가장 큰 산으로 일부는 북한 땅이고 나머지 일부는 중국 땅이야. 백두산 정상에는 화산 활동으로 생긴 천지 연못이 있고 그 주위로 16개의 봉우리가 있어. 구름에 싸이거나 눈에 덮인 백두산을 보면 이름 뜻 그대로 머리가 하얀 산 같아.

둔황
둔황에는 세계 최고의 석굴인 막고굴이 있어. 이곳에서 우리나라 신라시대 혜초 스님의 여행기인 《왕오천축국전》이 발견되었어.

티베트 고원
중국 서남쪽에 있는 높은 땅이야. 사람이 살 수 있는 가장 높은 곳에 있기 때문에 '세계의 지붕'이라고 불리지. 이곳에는 원래 티베트 사람들이 살고 있었는데 1950년에 중국이 이곳을 차지했어. 티베트의 지도자인 달라이 라마는 티베트의 독립을 위해 계속 노력하고 있어.

센카쿠 열도와 난세이 제도
센카쿠 열도는 동중국해 남서부에 있어. 중국에서는 댜오위다오라고 불러. 석유와 천연가스 등의 지하자원이 풍부하지. 현재는 일본이 지배하고 있지만 중국과 영토 분쟁으로 싸우고 있는 곳이야.
난세이 제도는 일본 규슈 섬과 타이완 사이에 있는 섬들을 말해. 이 섬들 중 오키나와는 아름다운 화산섬으로 유명해.

야크
추운 지역에서 사는 야크는 길고 덥수룩한 털로 몸을 따뜻하게 해.

여덟 번째 여행지
중앙·동북아시아

동북아시아는 산이 많고 태평양, 남중국해 등의 바다와 가까워. 사계절이 뚜렷하게 나타나는 우리나라, 중국, 일본 등의 나라가 있어. 많은 사람들의 노동력과 좋은 기술로 전자 제품, 컴퓨터, 자동차 등을 생산하며 빠르게 발전하고 있는 곳이지.

중앙아시아는 북쪽엔 초원이, 남쪽엔 사막과 산이 많고 천연자원이 풍부해. 카자흐스탄, 우즈베키스탄 등의 나라가 있지.

우린 몽골의 초원에 도착했어요.
초원에는 두 마리의 몽골말이 뛰고 있었죠.
"아줌마, 안녕하셨어요? 아기 말아, 안녕!"
빨간 비행기가 반갑게 인사를 했어요.
"그동안 잘 지냈니? 아가는 지금 경주 연습 중이란다."
귀여운 아기 몽골말은 펄쩍펄쩍 잘도 뛰어다녔어요.
엄마 말과 아가 말을 보니 문득 엄마 생각이 났어요.
"우리 엄마는 잘 계실까?"

몽골말
몽골에서는 옛날부터 조랑말을 길러 왔어. 몽골말은 서양의 '프셰발스키말'이란 종과 동양 고원마계의 종이 섞인 조랑말이지. 몽골에서 말은 교통수단이자 넓은 초원에서 가축을 돌보는 데 도움을 주는 중요한 동물이야. 초원에 사는 몽골 아이들은 어릴 때부터 말 타는 법을 배워.

몽골말이 들려주는 몽골

중앙아시아에 있는 몽골은 사방이 육지로 둘러싸여 있어서 바다를 볼 수 없어. 몽골 사람들은 전통적으로 넓고 푸른 풀밭 위에 게르를 짓고, 말과 양을 돌보며 살아. 그들은 자연을 무척 아끼고 사랑해. 한편 수도인 울란바토르에는 높은 빌딩과 차가 많아지고 있지.

몽골은 중앙아시아에 있어. 수도는 울란바토르야. 인구는 약 303만 명이고, 언어는 몽골 어 등을 사용해.

홉스굴 호

'몽골의 푸른 진주'로 알려질 만큼 아름다운 호수야. 겨울에는 얼음이 두껍게 얼어서 큰 트럭도 지나갈 수 있어.

테렐지 국립 공원

몽골의 대표적인 관광지로 울란바토르 시민들이 즐겨찾는 곳이야. 게르 캠프와 하이킹, 승마 등 다양한 스포츠를 즐길 수 있지. 하지만 늦여름에는 모기떼를 조심해야 해.

몽골 알타이의 암각 예술군

바위나 동굴 등에 그린 그림을 암각화라고 해. 드넓은 몽골 땅에서는 많은 암각화가 발견되고 있어. 특히 알타이 지역의 암각 예술군은 12,000년에 걸친 몽골 문화의 발전을 보여 주지.

쌍봉낙타

덥거나 추운 날씨를 잘 견뎌 내고 먼 거리도 잘 가는 동물이야. 몽골 사막 지역에 많이 서식하지.

몽골 고원

몽골과 중국에 걸쳐 있는 높고 넓은 땅이야. 사방이 산으로 둘러싸여 있고 건조한 기후이며, 오랜 옛날부터 유목민들이 살았지. 몽골 고원의 북쪽은 외몽골, 남쪽은 내몽골로 나뉘어.

울란바토르

'붉은 영웅'이라는 뜻을 가진 몽골의 수도야. 세련되고 화려하게 변하고 있는 몽골과 전통적인 몽골의 모습을 함께 느낄 수 있는 곳이지. 도시의 중심에는 몽골의 영웅인 수흐바타르를 기념하는 광장이 있어.

고비 사막의 밤은 칠흑처럼 깜깜했어요.
"지오야, 저기 봐. 별똥별이야."
"와, 예쁘다! 책에서 봤는데, 별똥별을 보고 소원을 빌면 소원이 이루어진대."
"좋아, 소원을 빌자!"
나는 두 손을 모아 별똥별에게 소원을 빌었어요.

황사
봄이 되면 불어오는 황사는 내몽고의 고비 사막에서 시작돼. 고비 사막은 우리나라와 약 2,000km 떨어져 있는데, 황사가 우리나라까지 오는 데 약 3~5일이 걸리지.

"내일은 시내를 빽빽이 메운 자전거들을 만날 거야."
"나 자전거 엄청 잘 타는데. 언제 한번 태워 줄게!"
"응, 좋아!"
우리는 초롱초롱 빛나는 별들을 따라 날아갔어요.

하늘을 높이 날던 빨간 비행기가 내려가기 시작했어요.
아래를 보니 도로 위에 자전거가 엄청 많았어요.
"이곳 사람들은 자전거를 아주 많이 타지."
난 자전거가 가득한 도시를 내려다보다가
빨간 비행기를 꼭 안고 스르르 잠이 들었어요.

자전거
중국은 그야말로 자전거 왕국이야. 특히 베이징은 언덕이 별로 없어서 자전거 타기에 좋은 도시야. 자전거는 자동차에 비해 값이 싸고, 버스나 지하철이 못 가는 구석구석을 돌아다닐 수 있어서 편리해. 중국은 자전거를 타고 다니는 사람이 많은 만큼 곳곳에 넓은 자전거 주차장이 많아.

자전거가 들려주는 중국

동북아시아에 있는 중국의 정식 명칭은 중화 인민 공화국이야. '중화' 란 말에는 세상의 중심이라는 뜻이 담겨 있어. 땅이 넓은 중국은 그 크기가 유럽 대륙과 비슷해. 세계에서 가장 인구가 많은 나라이며, 대부분이 한족이고 나머지는 55개의 소수 민족이지.

중국은 동북아시아에 있어.
수도는 베이징이야.
인구는 약 13억 7,282만 명이고,
언어는 중국어를 사용해.

베이징
약 800년의 역사를 가진 중국의 수도야. 이곳에는 세계에서 가장 큰 궁전이었던 자금성이 있어.
- 자금성 : 자금성에는 약 800개의 건축물과 9,000개의 방, 넓은 인공 호수 등 어마어마한 것들이 많아.
- 천안문 : 천안문은 자금성의 정문이야. 천안문의 남쪽에는 세계 최대의 광장인 천안문 광장이 있어.

만리장성
약 2,800년 전부터 중국 북쪽에 있는 민족들이 침략하지 못하도록 쌓아 놓았던 여러 성벽을 진시황제 때 하나로 이어 만든 거야. 세계에서 가장 긴 성벽이야.

징항대운하
1,794km 길이의 세계에서 가장 긴 운하야. 604년 수나라의 왕이었던 양제 때 남쪽에서 가장 긴 강인 양자강과 북쪽에서 긴 강인 황허강을 잇는 운하였지. 운하를 만든 이유는 넓은 땅을 잘 다스리기 위해서였대.

병마용갱
기원전 221년 진시황제는 진나라라는 거대한 제국을 세웠어. 그는 죽어서도 자신의 무덤을 지킬 수 있도록 흙으로 빚은 병사와 말을 만들었지. 엄청나게 큰 병마용갱은 지금도 발굴 중이야.

대왕판다
동그랗고 큰 얼굴에 눈 주위에는 검은 반점이 있는 판다 곰이야. 대나무 잎을 먹고 살며 애교가 아주 많아.

홍콩
중국 남동쪽에 있는 도시야. 1842년 아편 전쟁에서 영국에게 져서 빼앗긴 뒤로 계속 영국 땅이었다가 1997년에 다시 중국 땅이 되었지. 홍콩은 특별 자치구로써 화려한 거리와 쇼핑센터가 많아.

상하이
중국 경제 중심지 역할을 하는 도시야. 이곳에는 상하이를 대표하는 방송 관제탑인 동방명주가 있어. 2개의 원형 건물과 하늘을 찌를 듯한 탑으로 된 동방명주는 정말 신기하게 생겼어.

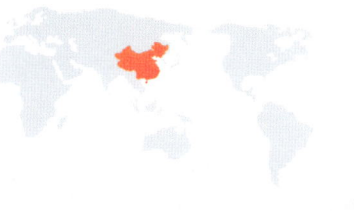

"지오야, 엄마가 일어나래."
형이 내 어깨를 흔들어 깨웠어요.
나는 눈을 번쩍 떴어요.
"형, 내 빨간 비행기 못 봤어?"
"빨간 비행기? 그게 뭐야?"
형은 나를 이상한 눈으로 바라보며 방을 나갔어요.
침대 밑, 책상 서랍, 옷장 깊숙한 곳까지 구석구석 살펴봤지만
빨간 비행기를 찾을 수 없었어요.

난 밤이면 창을 열고 빨간 비행기를 기다려요.
빨간 비행기와 함께 만났던 친구들을 떠올리며
가끔씩은 또 여행을 떠나는 꿈을 꾸기도 하죠.
언젠가는 다시 만날 수 있겠지요?

나는 영이예요.
오늘도 집 앞 놀이터에서 혼자 그네를 타고 있었죠.
그런데 모래 속에 이상한 물건이 있었어요.
자세히 보니 아주아주 낡은 빨간 비행기였어요.

빨간 비행기와 함께한 세계 여행

 우리가 여행한 곳들

 우리가 만난 탈것들

 우리가 만난 동식물들

_____ 꺼

우리가 여행한 곳들

다섯 번째
이층 버스
트램
곤돌라
페리

여섯 번째
펠루카
낙타
아브라

일곱 번째
오토릭샤
씨클로

여덟 번째
몽골말
자전거

네 번째
달라달라

카약

우리가 만난 탈것들

비아 레일 캐나다(캐나다)
태평양과 가까운 밴쿠버에서 대륙 동쪽에 있는 토론토까지 긴 거리를 달리는 횡단 열차야. 1885년부터 땅이 넓은 캐나다의 동쪽과 서쪽을 오가며 사람들을 태우고 화물을 나르는 중요한 역할을 했어. 지금도 화물을 나르기는 하지만 관광 열차로 더 유명하지. 이 열차를 타면 눈 덮인 로키 산맥의 멋진 경치와 깨끗한 호수, 넓은 초원을 볼 수 있어.

구름 기차(아르헨티나)
안데스 산맥 동쪽에는 '살타'라는 높은 지대의 도시가 있어. 살타 역을 출발한 구름 기차는 아르헨티나 북부의 고산 지대를 달려 해발 4,000m가 넘는 육교 역에 도착하지. 기차는 일주일에 딱 한 번만 관광객과 원주민을 위해 달려. 구름 기차 창문을 열고 밖을 보면 마치 구름 위에 있는 것 같아.

펠루카(이집트)
삼각돛을 단 펠루카는 바람을 이용해서 움직이는 배로, 오랜 옛날부터 나일 강의 교통수단이었어. 지금은 관광객을 많이 태우고 다니지만 옛날에는 강의 상류에서 하류까지 사람은 물론 돌과 모래 등의 건축 재료도 많이 운반했어.

케이블카(미국)
샌프란시스코에는 수많은 언덕이 있어서 옛날부터 가파른 길을 오르내리기 위해 레일을 땅에 설치하고 케이블카가 다닐 수 있게 했어. 케이블카를 타고 구불구불한 언덕길을 올라가면 파란 바다 위에 놓인 주황색의 금문교와 멋스런 건물들을 구경할 수 있어.

카약(오스트레일리아)
길쭉한 바나나처럼 생긴 배야. 한두 사람이 탈 수 있고, 양쪽으로 노를 번갈아 저으며 앞으로 가지. 무겁지 않고 운반하기 쉽기 때문에 차 지붕에 싣고 바다로 가서 타곤 해.

곤돌라(이탈리아)
베네치아의 운하를 다니는 날씬하게 생긴 배야. 곤돌라에서 노를 저으며 사람들을 이동시켜 주는 뱃사공을 '곤돌리에'라고 부르지. 곤돌라를 타면 좁은 운하도 쉽고 빠르게 다닐 수 있어.

갈대배(페루)
티티카카 호에서 자라는 갈대인 토토라를 엮어 만든 배야. 이곳 사람들은 토토라로 여러 가지 생활용품을 만들어 쓰며 살고 있지.

달라달라(탄자니아)
탄자니아 사람들이 타는 소형 버스야. 마치 '달려라, 달려!'라고 하는 것 같지? 탄자니아의 울퉁불퉁한 길을 잘 달리려면 큰 버스보다는 작은 차를 타는 게 나아. 달라달라의 탑승 정원은 15명 정도이지만 늘 더 많은 사람이 타지.

트램(체코)
프라하에서는 트램을 쉽게 볼 수 있어. 교통권 1장으로 트램과 지하철, 버스를 편리하게 갈아탈 수 있지. 트램은 유럽의 대도시와 홍콩, 일본에서도 많이 볼 수 있어. 버스나 자동차보다 속도는 느리지만 전기 에너지로 달리기 때문에 매연을 줄일 수 있지. 게다가 선로를 따라 일정하게 달리기 때문에 도로가 막히지 않고, 정거장에서 쉽게 타고 내릴 수 있단다.

이층 버스 (영국)
런던을 상징하는 것 중 으뜸이라 할 수 있어. 멋스런 골목길을 달리는 빨간 이층 버스는 도로에서 가장 눈에 띄어. 또 차비가 싸서 관광객들에게 인기가 좋아. 운전석은 오른쪽에 있는데 옛날에 마차를 모는 마부가 오른쪽에 앉아서 말을 채찍질하던 전통이 그대로 내려온 거래.

페리 (터키)
사람이나 차를 운반하는 큰 배를 말해. 페리를 타면 땅의 길을 통해 가야 하는 먼 길을 보다 짧은 시간에 갈 수 있어. 바닷가 둘레의 멋진 경치를 구경하려는 사람들도 페리를 이용하지.

단봉낙타 (사우디아라비아)
사막 기후를 가장 잘 이겨 내는 동물이야. 몇 주 동안 물을 마시지 않아도 살 수 있고, 혹에 지방이 있어서 몇 달을 먹지 않고도 버틸 수 있어. 긴 속눈썹은 따가운 햇볕을 가려 주고 콧구멍을 닫으면 거친 모래바람이 들어오지 못한단다.

아브라 (아랍에미리트)
두바이의 중심에는 운하가 있어서 수상 택시인 아브라를 이용하면 빠르게 이동할 수 있어. 운하 주변의 근사한 경치도 구경할 수 있지.

오토릭샤 (인도)
인도의 좁고 복잡한 도심의 길을 여행하고 싶다면 오토릭샤를 타 봐. 앞은 오토바이처럼 생겼지만 뒤에는 좌석이 있어서 앉을 수 있어. 울퉁불퉁한 길을 달릴 때는 놀이 기구를 타는 것처럼 덜컹덜컹 재미있어.

씨클로 (베트남)
세 발 달린 자전거야. 앞에는 손님이 앉고, 뒤에서 페달을 밟아 자전거 바퀴를 돌리며 가지. 앉아서 시내 곳곳을 천천히 구경할 수 있기 때문에 관광객들이 많이 이용해.

몽골말 (몽골)
몽골에서는 옛날부터 조랑말을 길러 왔어. 몽골말은 서양의 '프셰발스미말'이란 종과 동양 고원마계의 종이 섞인 조랑말이지. 몽골에서 말은 교통수단이자 넓은 초원에서 가축을 돌보는 데 도움을 주는 중요한 동물이야. 초원에 사는 몽골 아이들은 어릴 때부터 말 타는 법을 배워.

자전거 (중국)
중국은 그야말로 자전거 왕국이야. 특히 베이징은 언덕이 별로 없어서 자전거 타기에 좋은 도시야. 자전거는 자동차에 비해 값이 싸고, 버스나 지하철이 못 가는 구석구석을 돌아다닐 수 있어서 편리해. 중국은 자전거를 타고 다니는 사람이 많은 만큼 곳곳에 넓은 자전거 주차장이 많아.

우리가 만난 동식물들

북아메리카

아르마딜로

아메리카에만 서식해. 적이 나타나면 몸을 동그란 공 모양으로 만들어.

바다표범

땅에서는 몸으로 기어 다니지만 물속에서는 지느러미발로 빠르게 헤엄쳐. 주로 캐나다 북쪽 해안에 살지.

북극곰

캐나다의 처칠 시는 북극곰의 수도로 유명한 도시야. 바다표범을 사냥하거나 먹을거리를 찾아다니는 북극곰들을 자주 볼 수 있어.

설탕단풍

캐나다의 국화야. 수액을 모아 끓이면 달콤한 메이플 시럽을 만들 수 있어.

흰머리독수리

미국을 대표하는 새로, 물고기를 좋아해서 주로 물가가 있는 숲 속에 살아.

남아메리카

가마우지

에콰도르 서쪽 바다에 있는 화산섬 갈라파고스에 서식해. 주로 물고기를 먹고 살아.

바다거북

바닷가에서 햇볕 쬐는 것을 좋아하고, 헤엄치기에 좋은 넓적한 발을 가지고 있어.

안데스콘도르

남아메리카에서 가장 큰 새야. 콘도르들은 거의 죽은 동물을 먹어.

보아뱀

더운 지역에 사는 아주 큰 뱀이야. 나뭇가지에 매달려 있다가 먹이를 잡으면 몸으로 꽉 감아서 통째로 삼켜 버려.

향고래

머리가 크며 먹잇감으로 깊은 바다에 있는 큰 오징어를 좋아해.

오세아니아

흰동가리와 대왕말미잘

흰동가리는 말미잘 근처에 알을 낳고, 적이 나타나면 말미잘 사이로 피해. 흰동가리는 말미잘의 독에 피해를 입지 않거든. 대왕말미잘은 산호초나 조개 등에 붙어살면서 흰동가리를 쫓아온 물고기를 잡아먹고 살아. 말하자면, 둘은 공생 관계라고 할 수 있지.

극락조

오세아니아에서 두 번째로 큰 나라인 파푸아 뉴기니에 사는 새야. 깃털이 매우 화려한 게 특징이야.

딩고

오스트레일리아 들개라고 할 수 있는 딩고는 귀가 크고 꼿꼿하며 성질이 사나워.

오스트레일리아바다사자

오스트레일리아 대륙의 서쪽과 남쪽 바닷가에 무리를 지어 살아. 수컷은 으르렁 소리를 내.

아프리카

여우원숭이

아프리카에 있는 마다가스카르 섬에 살아. 팔다리가 길고 튼튼해서 나무 사이를 잘 뛰어다녀.

바오바브나무

주로 아프리카 사막에 살며 생텍쥐페리의 동화 《어린 왕자》에 등장해 유명해졌어. 세상에서 가장 크고 오래 사는 식물 중 하나로, 몸통 안에는 많은 양의 물을 저장할 수 있어.

검은꼬리누

아프리카의 초원을 누비는 초식 동물이야. 떼를 지어 먹이를 찾아 이동해.

침팬지
아프리카 적도 주위에 살며, 도구를 사용할 줄 아는 똑똑한 동물이야.

하이에나
아프리카에 살며, 주로 죽은 동물을 먹는 청소동물이야.

사자
아프리카에서 최고로 힘이 세고 강한 육식 동물이야.

아프리카코끼리
몸집이 매우 크며 귀가 큰 것이 특징이야. 아프리카 세렝게티 국립 공원의 식구이지.

나일악어
이집트의 나일 강에 살아. 힘센 꼬리로 물을 휘저으며 다니지.

유럽

올리브나무
지중해 기후에서 잘 자라는 식물로, 열매인 올리브는 음식 재료로 많이 쓰여.

앙고라토끼
길고 부드러운 털을 가진 앙고라토끼는 터키에서 처음 생겨났어.

서남아시아

페르시안고양이
긴 털과 둥근 얼굴이 특징인 고양이야. 전 세계적으로 많은 사람이 키우고 있어.

흰꼬리모래여우
모래나 돌사막에 서식하며 작은 동물이나 과일을 먹고 살아. 위험을 느끼면 고약한 냄새가 나는 액체를 내보내지.

아데니움
아라비아 사막에 주로 서식하며 바위틈에서 자라는 식물로, '사막의 장미'라고 불려. 줄기에 물을 저장해.

남부·동남아시아

코모도왕도마뱀
세계에서 가장 큰 도마뱀이야. 남부 아시아 지역에 서식하지.

인도코브라
인도에만 있는 코브라 뱀이야. 위험을 느끼면 몸을 세우고 쉭쉭 소리를 내며. 독이 아주 강하지.

메콩메기
베트남의 메콩 강에는 사람보다 큰 메콩메기가 많이 살아.

중앙·동북아시아

야크
추운 지역에서 사는 야크는 길고 덥수룩한 털로 몸을 따뜻하게 해. 주로 중앙아시아의 고지대에 서식해.

쌍봉낙타
덥거나 추운 날씨를 잘 견뎌내고 먼 거리도 잘 가는 동물이야. 몽골의 사막 지역에 많이 서식하지.

대왕판다
동그랗고 큰 얼굴에 눈 주위에는 검은 반점이 있는 판다 곰이야. 대나무 잎을 먹고 살며 애교가 아주 많아.

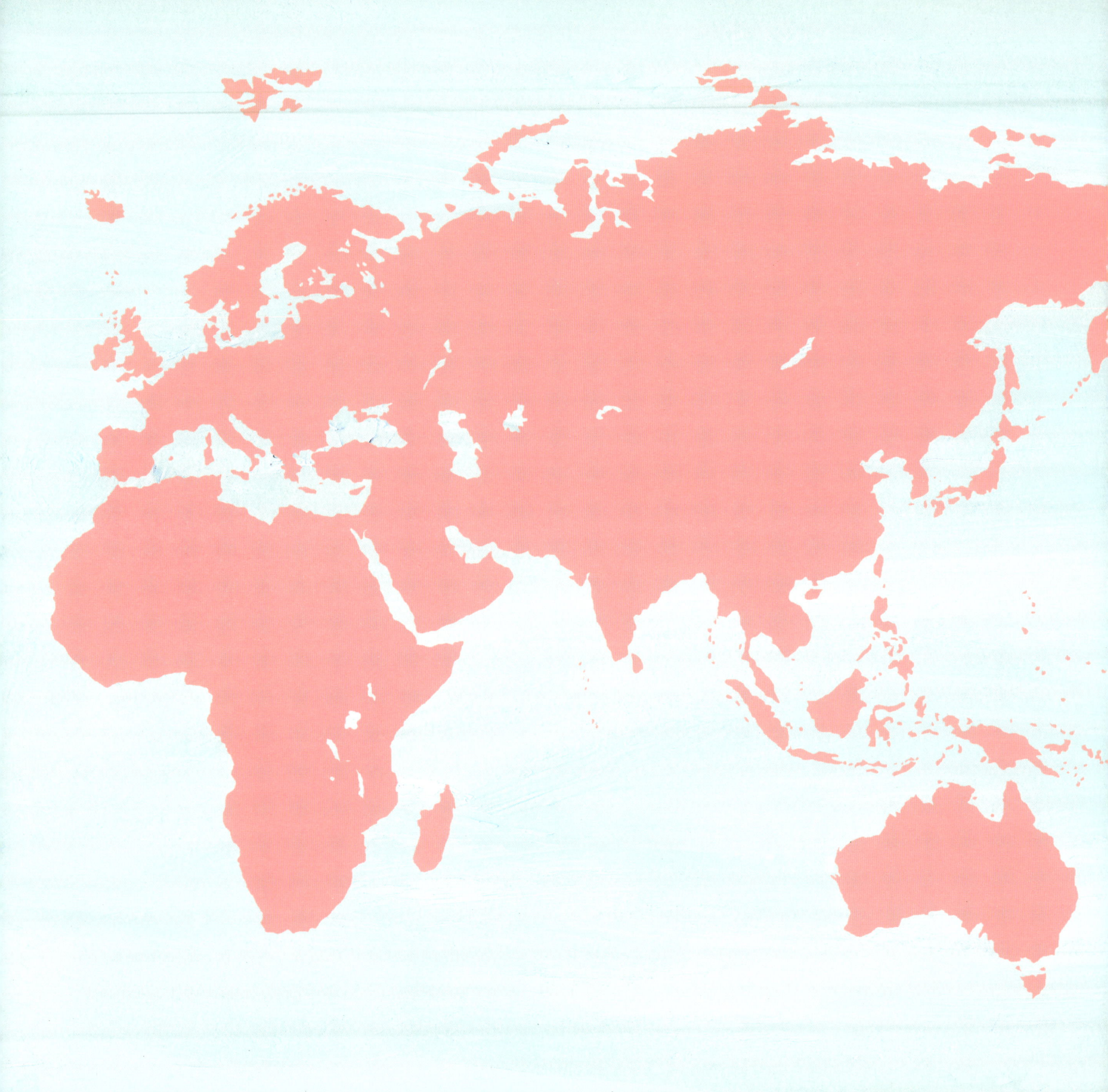